VOCABULAIRE

D'ENVIRON

1,500 MOTS FRANÇAIS

LES PLUS USUELS

AVEC LEURS CORRESPONDANTS

En Ouolof de Saint-Louis,

A L'USAGE

DES ÉCOLES INDIGÈNES.

SAINT-LOUIS,
IMPRIMERIE DU GOUVERNEMENT.

1859.

VOCABULAIRE

D'ENVIRON

1,500 MOTS FRANÇAIS

LES PLUS USUELS

AVEC LEURS CORRESPONDANTS

En Ouolof de Saint-Louis.

A L'USAGE

DES ÉCOLES INDIGÈNES.

SAINT-LOUIS,

IMPRIMERIE DU GOUVERNEMENT.

1859.

OBSERVATIONS PRÉLIMINAIRES.

On a cherché à représenter autant que possible les sons ouolof par les lettres et les syllabes françaises conservant leur valeur ordinaire.

Toutes les lettres doivent se prononcer : ainsi dans *ber* l'*r* se prononce, dans *siket* le *t* se prononce, dans *sang* le *g* se prononce, dans *beut* le *t* se prononce, dans *sont* le *t* se prononce.

L'*n* finale n'est jamais nasale, ainsi : *kan*, *ten*, *djin*, *fon*, *djien*, se prononcent : *kanne*, *tenne*, *djinne*, *fonne*, *djienne*.

k suivi de *h*, *kh* indique un son inconnu aux français ; c'est le *kh* arabe, la *j* espagnole, le *ch* allemand après *a* et *o*.

Il en est de même du *qh*, qui a le son du *qof* arabe.

Le *dj* et le *tch* doivent se prononcer très-légèrement comme le *g* italien dans *giorno* et le *c* dans *Cività*.

Le *ou* suivi d'une voyelle doit faire syllabe avec elle ; c'est le son du *w* anglais.

gu devant *é* et *i* n'indique que le son du *g* dur, du Γ grec.

gn est toujours notre *n* mouillée.

La diphtongue *ao* doit se prononcer en une seule émission de voix.

ay, *ey*, *oy* sont toujours diphtongues et se prononcent comme *ai, ei, oy*, dans *paille, abeille*, et dans le mot anglais *boy*.

On a renoncé à vouloir représenter les nuances de prononciation des voyelles ouolof que les français perçoivent d'ailleurs difficilement.

On a partagé les mots en quatre divisions :

Les subtantifs,	*Les verbes*,
Les adjectifs,	*Les particules*.

SUBSTANTIFS.

FRANÇAIS.	OUOLOF DE SAINT-LOUIS.
Abeille.	Iemb, ba.
Absinthe.	Labsinthe, ba. F.
Acceptation.	Nangou, ba.
Achat.	Diende, ba.
A-compte.	Daouel, ba.
Affaire.	Sokhla, sa. A.
Affranchi, e.	Mbaïalla, ma.
Affréteur.	Iébloukat, ba.
Affrètement.	Iéblou, ba.
Agneau	Mbeurtou, ma.
Aïeul.	Mam, ma.
Aigle.	Djiakhay, djia.
Aiguille.	Pouça, ba
Aile.	Laf, ba.
Air (fraîcheur).	Mpékh, ma.

NOTA. — Après chaque substantif on a mis l'article qui lui convient (l'article ouolof se met après le nom et varie suivant la consonne dominante du substantif). Au pluriel l'article est invariablement *ia*.

Les noms collectifs prennent deux articles différents : ainsi l'arachide, c'est-à-dire le grain d'arachide se dit *guerté ba*, et l'arachide (pris collectivement), se dit *guerté ga*.

F après le mot ouolof indique que c'est un mot français plus ou moins estropié.

A Indique qu'il vient de l'arabe.

SUBSTANTIFS.

Aisselle.	Mpoqhetan, ma.
Amende.	Alamau, ba. F.
Ambre.	Lambeurdi, ba. A.
Ame.	Rò, ba. A.
Ami, e.	Ande, ba.
Amorce (d'un fusil).	Korba, ba.
Ancre.	Kabeul, ba (cable).
Ane.	Mbam-seuf, ma.
Anguille.	Djian ou guetch, djia.
Animal.	Rap, oua.
Anisette	Litchor, djia (liqueur).
Anneau.	Diaro, ba.
Année.	At, ma.
Antilope.	Koba, ba.
Apostat.	Toubbi, ba. A.
Arabe.	Iâram, ba. A.
Arachide.	Guerté, ga.
Araignée.	Djiargogne. ba.
Arc.	Khala, ga.
Arc-en-ciel.	Khon, oua.
Argent.	Khalis, ba. A.
Argile.	Binit, ba.
Armateur.	Ebelkat, ba.
Armée.	Kharé, ba.
Arrimage.	Tirim, ba. F.
Assassin.	Reikat ou nit, ba.
Association.	Mbolo, ma.

SUBSTANTIFS.

Assurance (certitude).	Ouoral, ba.
Attaque.	Songue, ma.
Aumône.	Sarakh, sa. A.
Autruche.	Bandioli, ba.
Avarie	Iakhou, ba.
Aviron.	Ouat, oua.
Avis (volonté).	Sago, sa.
Bagages.	Iré, ia (pluriel).
Baisse.	Danou, ba.
Baleine.	Ngaga, ba.
Balle.	Bal, ba. F.
Banane.	Banana, ba. F.
Banqueroute.	Banqueroute, ba. F.
Baobab.	Goui, ga.
Barbe.	Sikim, ba.
Bât.	Nteg, ga.
Bateau à vapeur.	Sakhar, ga.
Bâton.	Bante, ba.
Bêche (des laboureurs ouolof).	Iller, ba.
Berger, ère.	Samme, ba.
Bergeronnette.	Tchiolbet, ba.
Beurre.	Diou, ga.
Biche.	Kéouel, ga.
Bière (boisson).	Ber, ba. F.
Bijou.	Ntokkay, la.
Billet à échéance.	Bidiete, ba. F.
Biscuit.	Mbiskit, ma. F

SUBSTANTIFS.

Boa (serpent).	Ioou, ba.
Bœuf.	Nag, oua.
Bœuf porteur.	Loò, oua.
Bois (à brûler).	Matte, ma.
Boîte.	Boïèt, ba. F.
Bonjour.	Kéou.
Bonne (domestique).	Botal, ba.
Bonnet.	Mbakhané, ma.
Bonsoir.	Gonal.
Bottes.	Mouké, ia.
Bouc.	Siket, ba.
Bouchon.	Sagn, ba.
Boucle d'oreille.	Diaro nop, ba.
Boulet.	Boulette, ba. F.
Bourse (en cuir).	Nafa, djia.
Boutique.	Boutik, ba.
Bouton.	Boutong, ba. F.
Bracelet	Lam, ba.
Brai.	Sandal, sa. A.
Branche.	Bankhas, ba.
Bras.	Lokho, ba.
Brebis.	Nkhar mou djiguen, ma.
Bride (avec mors).	Lakhab, ga.
Brique.	Birik, ba. F.
Brouillard.	Tin, ba.
Broussailles.	Garap iou tout, ia.
Bruit.	Ntchioou, la.

SUBSTANTIFS.

Cachet (marque).	Manderga, ba.
Cadeau.	Maï, ga.
Cadenas.	Kannar, ba.
Café.	Café, ga. F.
Caïlcédra.	Khay, ga.
Caïman.	Maïmaïdo, ma.
Caisse.	Caisse, ga. F.
Calicot.	Cotong, ba. F.
Camp (bivouac).	Dal, ba.
Camp de maures.	Gadde, ga.
Canard.	Khankhel, ba.
Canon.	Kanou, ga. F.
Canot.	Canot, ga.
Captif, ve.	Diâm, ba.
Carnet.	Carnè, ba. F.
Carquois.	Toungar, ba.
Cassonade.	Soukeur sou khonkh, sa.
Caution.	Ouakirlou, ba. A.
Cavalier, ère.	Gaouar, ba.
Ceinture.	Lakhaçay, ga.
Cendre.	Dom ou tal, ba.
Centime.	Centime, ba. F.
Chacal.	Ntille, ga.
Chaîne.	Tchiallala, ga.
Chaise.	Sis, ba. F.
Chaleur.	Tangay, ba.
Chameau.	Guelem, ga.

SUBSTANTIFS.

Chandelle	Sondel, ba. F.
Chanson	Ouey, oua.
Chanteur, se.	Oueykat, ba.
Chapeau.	Sapo, ba. F.
Chapelet.	Kourous, ga.
Charbon (collectif).	Kérigne, la.
Chargement.	Ieb, ba.
Charnière.	Sarnière, ba. F.
Chaudière.	Kaoudir, ga.
Chaudron.	Kaoudir, ga.
Chaux.	Laço, ba. F.
Chasseur, euse.	Reubkat, ba.
Chat, tte.	Ououndou, oua.
Chef.	Kélifa, ga. A.
Chemin.	Ion, oua.
Chemise (ouolof).	Mboube, ma.
Cheval.	Fas, oua.
Cheveu	Karao, ga.
Chèvre.	Bey, oua.
Chien, nne.	Khadj, ba.
Chose.	Leuf, la.
Chrétien, nne.	Kertien, ba. F.
Christianisme.	Ion ou kertien, oua.
Ciel.	Açaman, sa, A.
Cil.	Khef, ba.
Cimetière.	Roboukay, ba.
Cire.	Cir, ba. F.

SUBSTANTIFS.

Ciseaux.	Ciço, ba. F.
Citron.	Limong, ba. F.
Civière (p. porter un malade).	Ntadde, ga.
Clef.	Dom, ba.
Clochette.	Diololi, ba.
Clou.	Denkatit, ba.
Cocotier.	Koko, ba.
Cœur.	Khol, ba. A.
Coffre.	Ouakhandé, oua.
Collier.	Tchiakh, ba.
Colline.	Stound, sa.
Combat.	Khekh, ba.
Commerçant, e.	Diaékat, ba.
Commerce.	Ndioulou, ba. Ndiaé, ma.
Commissionnaire.	Ndao, la.
Compas.	Compa, ba. F.
Compagnie.	Mbotay, ga.
Compte (de vente).	Compte, ba. F.
Comptoir (centre de comm.).	Comptoir, ba. F.
Contribution (impôt).	Bakh, ba.
Coq.	Sikh, ga.
Corail.	Korodj, ba. F.
Coran.	Alkhoran, ba. A
Corbeille.	Mparou, ma.
Cordage.	Boum, ga.
Corde.	Boum, ga.

SUBSTANTIFS.

Cornaline.	Pémé, djia (collectif).
Corne à poudre.	Bédjin ou pouteur, ba.
Corne	Bédjin, ba.
Corps.	Iaram, oua.
Côté.	Uet, ga.
Coton.	Outen, oua. A.
Cotonnier.	Garap ou outen.
Cou.	Bât, ba
Coucher du soleil	Timis, djia.
Coudée.	Khaçab, ba.
Couleur.	Mélo, ga.
Cour.	Eut, ba.
Courage.	Niomé, ba.
Couscous.	Tiéré, djia.
Couteau.	Paka, ba.
Coutume (tribut).	Koubeul, ga. A.
Couvée.	Bouf, ba.
Couverture.	Mbadj, ma.
Crapaud.	Mbotte, ma.
Crinière.	Nsikh, ma.
Crochet.	Lonkou, ba.
Cuir.	Der, ba.
Cuisinier, ère.	Toguekat, ba.
Cuisse.	Louppe, ba.
Culotte.	Djiata, djia
Cultivateur.	Beykat, ba.
Cuivre.	Khandiar, ba.

SUBSTANTIFS.

Dampé.	Dampé, ba.
Danger.	Ntis, ma.
Danseur, se.	Fetchkat, ba.
Datte.	Tanderma, ba.
Dattier.	Tanderma, ga.
Débarquement.	Iébi, ba.
Défaite.	Daqhqhe, ba.
Délai.	Ape, ba.
Dent.	Begne, ba.
Désert.	Alle, ba.
Dette.	Bor, ba.
Diable.	Djinné, djia. A.
Diamant.	Diamong, ba.
Dieu.	Ialla.
Digue.	Deukh, ba.
Discours.	Kadou, ga.
Disette.	Boug, ba.
Doigt.	Bârâm, ba.
Dos.	Guenao, ga.
Dot de la femme.	Eb, ba.
Dot donné par l'homme.	Djiour, ga.
Drapeau.	Raïa, dja. A.
Dyssenterie.	Bir bou dâo, ba.
Eeau.	Ndokh, ma.
Eau-de-vie.	Sangara, sa.
Ebène (bois d').	Dialamban, ba.
Ecarlate (étoffe).	Daldé, ba.

SUBSTANTIFS.

Eclair.	Mélakh, ba.
Ecole.	Diangou, ba.
Economie.	Iakhan, ba.
Ecrit (quelconque).	Téré, ba.
Effets.	Iré, ia.
Eléphant.	Niey, oua.
Embarcation.	Gal, ga.
Embarquement.	Douggue, ba.
Embuscade.	Terou, ba.
Encre.	Ntioska, la.
Encrier.	Daa, djia.
Energie.	Fit, oua.
Enfant.	Khalel, ba.
Enfer.	Safara, sa.
Ennemi, e	Non, ba.
Entrailles.	Boutit, ia
Envoyé, e.	Ndao, la.
Epaule.	Mbague, ma.
Epaulette.	Polète, ba. F.
Epervier.	Ndiourkel, ba.
Epoux.	Diékeur, djia.
Epouse.	Diabar, djia.
Escale.	Dal, ba.
Esclave.	Diâm, ba.
Espion.	Redj, ba.
Esprit.	Nkhel, ma. A.
Est.	Penkou, ba.
Etalon.	Nkouye, la.

SUBSTANTIFS.

Etoile.	Bidéo, ba.
Etoupe.	Ntoup, la. F.
Etranger, ère.	Dokhandem, ba.
Etrier.	Déguel, ba.
Européen, ne.	Toubab, ba.
Evangile.	Lindjil, ba. F.
Expédition (de guerre).	Ion ou kharé, ba.
Facture.	Factour, ba. F.
Faim.	Khif, ba.
Famille.	Mbokke, ma.
Fantassins (les)	Lir, ia.
Farine de mil.	Bol, ba.
Faucille.	Sart, ba.
Femme.	Djiguen, djia.
Fer.	Ouégne, ga.
Ferrement.	Ouégne ou ntédiou, ba
Feu.	Safara, sa.
Fête.	Nkhéo, ma.
Fièvre.	Fébeur, ba. F.
Figuier (sauvage).	Kheul, ga.
Figure.	Kanam, ga.
Fil.	Ouigne, ga.
Fil à voile.	Fi di vol, ga. F.
Fille.	Dom ou djiguen, ba.
Fils.	Dom ou gour, ba.
Flèche.	Fette, ga.
Fleur.	Tortor ga.

SUBSTANTIFS.

Fleuve.	Dékh, ga.
Flûte.	Lit, ba.
Fontaine.	Ten, ba.
Forêt.	Alle, ba.
Forgeron.	Teuggue, ba.
Fossé.	Kan, ma.
Fossoyeur.	Gaskati-bamel, ba.
Fourmi.	Sankhalégne, ba.
Fourneau.	Ouagne, oua.
Fourreau.	Mbar, ma.
Franc (pièce d'argent).	Fiftin, ba (Anglais).
Frère (aîné, cadet).	Mag, ma. Rakke, djia.
Fromage.	Formas, ba. F.
Fronde.	Mbakh, ma.
Front.	Guié, ba.
Frêt.	Ntonte, la.
Froid.	Léou, ba.
Fruit.	Dom ou garap, ba.
Fumier (de cheval).	Néfré, djia.
Fusil.	Fétal, ga.
Gage.	Ntaïlé, ba.
Gale.	Ramme, ba.
Galette (pain).	Mbourou, ma.
Gardien, nne.	Ouottoukat, ba.
Gargoulette.	Goutte, ba.
Gendre.	Goro, ba.
Général.	Kélifa ou kharé, ba.

SUBSTANTIFS.

Générosité.	Iéouen, oua.
Genièvre.	Djin, ba.
Génisse.	Oullou, oua.
Genou.	Om, ba.
Gens.	Nit, ia.
Giberne.	Koufa, ga.
Girafe.	Guélem ou alle, ga.
Girofle.	Khorompolé, djia. (G.).
Glace (miroir).	Sétou, ba.
Gommier.	Vérek, ba.
Gonatier.	Gonaké, ga.
Goudron.	Godrong, ga. F.
Gourde (pour l'eau).	Pal, ba.
Gouvernail.	Bar, ba.
Grappin.	Graping, ga. F.
Griot, e.	Guéouel, ba.
Gris-gris.	Téré, ba.
Gué.	Nkhoussou, ba.
Guépard.	Seggue, sa.
Guerre.	Khekh, ba.
Guerrier, ère	Khekhkat, ba.
Gueule-tapée.	Bak, ba.
Guinée.	Ndimo, la.
Habitude.	Bakh, ba.
Hâche.	Sémigne, oua.
Haie.	Niag, ba.
Hameçon.	Dolinka, ba.

SUBSTANTIFS.

Hanche.	Motchio, ma.
Hausse (d'une marchandise).	Ndiarté, la.
Hégire.	Gaday, ba.
Herbe.	Niakh, ga.
Hérisson.	Sougnel, ba.
Herminette.	Larminet, ba. F.
Hibou.	Kheurguedj, ba.
Hippopotame.	Léber, ba.
Hirondelle.	Nkharguen, ba.
Histoire.	Dialouré, djia.
Hiver.	Sedde, ba.
Hivernage.	Navet, ba.
Homme blanc.	Nit bou vekh, ba.
Homme libre.	Djiambour, ba.
Homme noir.	Nit gou nioul, ga.
Huile.	Diluil, djia. F.
Huître.	Iokhos, ba.
Hyène.	Bouki, ba.
Hypocrite.	Mikeur, ba.
Hypothèque.	Potheq, ba. F.
Ibis.	Nguik, ma.
Idolâtre.	Ouirir, oua.
Incendie.	Lakke, ga.
Indigo.	Nguendj, la.
Instant.	Saâ, sa. A.
Intelligence.	Sago, sa
Interprète.	Laptokat, ba.

SUBSTANTIFS.

Inventaire.	Ventaire, ba. F.
Islamisme.	Ion ou mohamadou, oua
Ivoire.	Bégne ou niey, ba.
Jambe.	Tank, ba.
Jeûne.	Kôr, ga.
Joue.	Lekh, ba.
Jour.	Fan, oua (24 heures).
Jour (opposé à la nuit).	Bétiek, ba.
Journal.	Sournal, ba. F.
Juge.	Attékat, ba.
Jugement.	Atté, ba.
Jumeau	Sikh, ba.
Jument.	Ouadian, oua.
Lac.	Dég, ba.
Laine.	Kaouar ou nkhar, ga.
Lait frais.	Méo, ma.
Lait aigre.	Mpât, ma.
Lait en général.	Soô, ma.
Lalo (feuilles de baobad)	Lalo, djia.
Lampe.	Lampe, ba. F
Lance.	Khédj, ba.
Langue.	Lamigne, oua.
Laptot.	Lapeuto, ba.
Larme.	Rangogne, oua.
Laurier-rose.	Laurier, ba. F.
Lèpre.	Eur, oua.
Lettre.	Batakhel, ba (beut ak khel).

SUBSTANTIFS.

Lettre.	Téré, ba.
Lèvre.	Ntougne, ma.
Lézard.	Sindakh, sa.
Lièvre.	Leug, oua.
Liard.	Kè, ba.
Limaçon.	Satiom, ba.
Lime.	Khétch, ma.
Limon (vase).	Binit, ba.
Limonade.	Limonat, djia. F.
Lion, nne.	Gaendé, ga.
Liqueur.	Litchior, djia. F.
Lit.	Lal, ba.
Litre.	Liteur, ba. F.
Livre.	Téré, ba.
Lougan (champ).	Tòl, ba.
Louis (pièce de 20 francs).	Lividor, ba. F.
Lumière.	Taktak, ba.
Lune.	Ver, oua.
Lynx.	Safandou, oua.
Maçon.	Tabakhkat, ba. Maçong, ba. F.
Mâchoire.	Ngam, oua.
Madapolam.	Madapolam, ba. F.
Magasin.	Dambe, ba. Magacine, ba. F.
Mahométan, e.	Mamentan, ba. F.
Main.	Lokho, ba.

SUBSTANTIFS.

Maïs.	Makandé, ma.
Maison.	Keur, ga.
Maître (d'un esclave).	Sanggue, ba
Maître d'école.	Dianglékat, ba.
Maladie.	Diangaro, dia.
Malette (petite malle).	Boïèt, ba.
Manglier.	Sanar, sa.
Marabout.	Serigne, ba.
Marais.	Dèg, ba.
Marchand, e.	Diaékat, ba.
Marchandise.	Diour, ga.
Marché (endroit où l'on vend).	Dié, ba.
Mari.	Diékeur, djia.
Marin.	Marégne, ba. F.
Marteau.	Marto, ba. F. Dadjou, ba (ce qui enfonce).
Mât.	Mâ, ga. F
Matelot.	Matlote, ba. F.
Matin.	Leuleuk, sa.
Maure.	Nâr, ba.
Mecque (la).	Maka.
Médecin.	Fatchkat, ba.
Mélasse.	Milas, ma. F.
Melon.	Khâl, ba.
Mémoire.	Patélikou, ba.
Mer.	Guedj, ga.
Mère.	Ndey, djia.
Mesure	Nottou, ba.

SUBSTANTIFS.

Mètre.	Méteur, ba. F.
Meuble.	Mèble, ba. F.
Meule (tas de grains, de paille)	Ngar, ma.
Miel.	Lem, ga.
Mil.	Dougoup, djia.
Milieu.	Diggue, ba.
Mine (puits de)	Kan, ma.
Ministre.	Ministeur, ba. F. Djiaraf, ba. Diaoudin, ba
Miroir.	Sétou, ba.
Mobilier.	Iré neg, ba.
Mois.	Ver, oua.
Moitié.	Guéneoual, ga (oual partic)
Moment.	Saa, sa. A.
Monde.	Aldouna, djia. A.
Montagne.	Tound, oua.
Mors.	Lakhab, ga.
Mort (la).	Dé, ga.
Mortier (pour piler).	Guenne, ga.
Mosquée.	Djouma, djia. A.
Mouche.	Végne, oua.
Mouchoir.	Mouçor, ga F.
Mousseline.	Misseline, ba. F.
Moustache.	Tioukhoum, ba (en mauvaise part). Moustas, ba. F.
Moustique.	Iòo, oua.

SUBSTANTIFS.

Mouton.	Nkhar, ma.
Mule.	Barlé bou djiguen, ba.
Mulet.	Barlé, ba.
Mur d'enceinte en terre glaise.	Tata, djia.
Muraille.	Mérail, ma. F.
Musc.	Misc, ma F.
Musicien, ienne.	Litkat, ba (instrum. à vent). Khalamkat, ba (*id.* à cordes) Oueÿkat, ba (chanteur).
Musulman, e.	Mam̃entan, ba. F.
Natte	Ndés, ma.
Navire.	Gal, ga.
Naufrage.	Totch ou gal, ba (bris). Soukh ou gal, ga (sombrer)
Négoce.	Dioulo, ba.
Négociant.	Dioulokat, ba.
Neveu (fils de sœur).	Diarbat, ba.
Neveu (fils de frère).	Dom, djia.
Nez.	Bakan, ba.
Nid.	Ntaggue, ma.
Nom.	Tour, oua.
Nord.	Lodò, ga (nord de St-Louis). Gop, ga.
Nourrice	Botal, ba.
Nuage.	Nir, oua.
Nuit.	Goudi, ga.
Odeur	Khet, ba. Khés, ba.

SUBSTANTIFS.

OEil (yeux).	Beut, ba.
OEuf.	Nen, ba.
Oignon.	Soblé, ba. A.
Oiseau.	Mpitch, ma.
Ombre.	Nker, ga.
Oncle (frère de mère).	Nadiay, djia.
Oncle (frère de père).	Bay bou ndao, ba.
Ongle.	Ué, oua.
Opposition.	Védi, ba.
Or.	Ourous, oua.
Orange.	Sorans, ba. F.
Oreille.	Noppe, ba.
Oreiller.	Nguéguénay, la.
Orphelin (de père).	Guirim, ba.
Orphelin (de mère).	Bayo, ba.
Os.	Iakh, ba.
Ouest.	Soou, ba.
Outarde.	Gueument, ba.
Outil.	Ligueyoukay, ba.
Outre.	Mbous, ma.
Pagne.	Malan, ma.
Pagne (sur les épaules).	Sir, ba.
Pagne (autour du corps).	Mpendel, ma.
Paiement.	Mpey, ba. F.
Paille.	Niakh, ma.
Pain.	Mbourou, ma.
Paix.	Diam, djia.

SUBSTANTIFS.

Palétuvier.	Nkhekh, ma.
Palissade.	Saket, ba.
Palmier (dattier).	Tanderma, ba
Palmier (à huile).	Sorsor, ba.
Panier.	Sendel, ba.
Pantalon.	Toubey, djia.
Panthère.	Seggue, sa.
Papayer.	Papayo, djia. F.
Papier.	Kaït, oua. A.
Papillon.	Leupleup, ba.
Paquet.	Eumb, ba.
Paradis.	Aldjiana, djia. A.
Parasol.	Paransol, ba. F. Palasor, ba. F.
Parfum.	Khègne, ba.
Patience.	Mougne, ma.
Part.	Tier, ba.
Paupière.	Mbar ou beut, ba.
Pays.	Réou, ma.
Peau.	Der, ba.
Pêcheur, euse	Môl, ma.
Pécheur, eresse, (qui commet des péchés).	Bakarkat, ba.
Peinture.	Pentour, ba. F.
Pélican	Ndjiagabar, ba.
Pelle.	Pel, ba. F.
Perdrix.	Ntioker, la.

SUBSTANTIFS.

Père.	Bay, ba.
Perruche.	Ntioy, la.
Personne (une).	Nit, ga.
Peste.	Mbas, ma.
Pied.	Deg ou tank, ba.
Pierre.	Dotch, oua.
Pierre à fusil.	Dotch ou fétal, ba.
Pillage.	Guir, ba.
Pilon.	Kour, ga.
Piment.	Kani, ga.
Pinceau.	Peigneço, ba. F.
Pintade.	Nat, ba.
Pipe.	Nanou, ba.
Pirogue.	Lotchio, ga.
Pistache.	Guerté, ba (un grain). Guerté, ga (une quantité). Guerté, ia (les pistaches, ind).
Pistolet.	Kabous, ga. A.
Plaine.	Fonde, ga.
Plat.	Plate, ba. F.
Plomb (métal).	Bétekh, ba.
Plomb (de chasse).	Polom, ba. F.
Pluie.	Taô, ba.
Plume.	Doung, oua.
Poignard.	Gobar, ba.
Poil.	Kaouar, ga.
Point du jour.	Fadjiar, djia. A.
Poison.	Khompay, ba.

SUBSTANTIFS.

Poisson.	Djien, oua.
Poitrine.	Deunne, ba.
Pompe	Pompe, ba. F.
Pont européen.	Pom, ba. F.
Pont des naturels (en terre)	Sala, sa.
Porc-épic.	Sâou, sa
Porte.	Bounte, ba.
Porte-feuille.	Makhtoumé, ma.
Pot.	Pot, ba, F.
Petit pot en terre cuite (pour l'eau).	Ndiaqhqha, sa.
Pot plus grand (pour l'eau).	Ndaa, la,
Pot (pour faire la cuisine).	Ntchin, la.
Pot plus grand (p. teindre).	Mband, ma.
Potier.	Tabakhkat, ba.
Pouce.	Dey, ba.
Poudre.	Pouteur, ba. F.
Poulain.	Mol, oua.
Poule.	Ganar, ga.
Poulie.	Poli, ba. F.
Prêtre chrétien.	Labé, ba. F.
Prêtre musulman.	Tamsir, ba.
Privilége.	Sansagne, ba.
Prix.	Ndieg, ga.
Procuration.	Sant, ba.
Prophète.	Oualiou, ba. A. Ionent, ba.

SUBSTANTIFS

Propriété.	Momel, ga.
Prostituée.	Garbo, ba.
Provision.	Iobeul, ba.
Puce.	Fel, oua.
Puits.	Ten, ba.
Punition.	Mbougueul, ma.
Quart.	Niénentel, ba.
Querelle.	Khoulo, ba.
Queue.	Guen, ba.
Quittance	Quittance, ba. F.
Race.	Khét, ba,
Rançon.	Ndiot, ga.
Rasoir.	Satou, sa.
Rat.	Dianakh, djia.
Razzia.	Ndiangal, ma.
Réception.	Falé, ba.
Récolte.	Ngòb, ma.
Récompense.	Iol, ba.
Recouvrement.	Féyou, ba.
Réflexion.	Khalat, ma.
Remède.	Garap, ga.
Reptile.	Ndokhsouf, ma.
Requin.	Djialam, djia.
Restitution.	Délo, ba.
Revendication.	Lâdjiat, ba.
Rhinocéros.	Ouangalanga, ba
Rien	Dara. Tous.

SUBSTANTIFS.

Rivage.	Ntak, ga.
Riz.	Tiep, ba.
Roi, Reine.	Bour, ba.
Romaine.	Romel, ba. F.
Ronier	Rone, ga.
Roseau (pour écrire).	Khalima, ga. A
Roum.	Roum, ba. F.
Rue.	Mbed, oua.
Ruisseau.	Mar, ma.
Sable.	Souf, sa.
Sabre.	Diaci, djia.
Sac.	Sakou, ba. F.
Saindoux.	Diou mbam, ga.
Saisie.	Diel, ba.
Saison.	Diamano, djia. A.
Saline.	Deg ou khorom, ba
Salive	Lor, oua.
Salut.	Néo, ba.
Sang.	Déret, djia.
Sanglé.	Lakh, ba.
Sanglier.	Mbam ou alle, ma
Sangsue.	Lay, oua.
Savon.	Sabou, ba. F.
Scie.	Si, ba. F.
Sécheresse.	Ouoouay, ba.
Seine (filet).	Ntiakh, la.
Sel.	Khorom, sa.

SUBSTANTIFS.

Selle.	Ntek, ga
Sellier.	Oudé, ba.
Semaine.	Aïbes, ba.
Serment.	Ouat, oua.
Serpent.	Djian, djia.
Serrure.	Sélour, ba. F.
Signature.	Signé, ba. F.
Silence.	Ntielle, ba.
Singe.	Golokh, ga.
Sirop.	Siro, sa. F.
Société (entourage).	Mbolo, ma.
Sœur.	Djiguen, ba.
Soie.	Soy, ba. F.
Soir.	Ngon, sa.
Soldat.	Soldar, ba. F.
Soleil.	Djient, ba.
Solitaire.	Uet, ma.
Sorcier, ère.	Deumme, ba.
Sou.	Sou, ba. F.
Soufflet (sur la joue).	Mpes, m'a.
Soufre.	Tamrakh, djia.
Soulier.	Dalle, oua.
Soupir.	Noy, ba.
Sourcil.	Ien, ba.
Souvenir.	Mpatélikou, ba.
Sucre.	Soukeur, sa. F.
Sucreton.	Sikeurton, ba. F.

SUBSTANTIFS.

Sud.	Nguélembou, ba
Sueur.	Niaqhqha, ba.
Syphilis	Kandjia, ga.
Tabac.	Mpris, ma. F.
Tabatière.	Tabatiere, ba. F.
Roseau servant de tabatière.	Gasba, ba. A
Tache (souillure)	Gakke, ba.
Talon.	Ntiesten, la.
Tafsir (qui explique le koran).	Tamsir, ba.
Tante (sœur du père).	Badien, ba.
Tante (sœur de la mère).	Ndey djiou ndao, djia.
Tapade.	Saket, sa.
Tarjette.	Tarcet, ba. F.
Taureau.	Iekke, oua.
Tenaille.	Tenadj, ba. F.
Tente.	Berkélé, ba.
Terme (temps).	Appe, ba.
Terrasse.	Tras, ba. F.
Tête.	Bop, ba.
Tiers.	Niattel, ba.
Tigre.	Segguc, sa.
Tison (allumé).	Guillit, ga.
Tisserand.	Rabbe, ba.
Toile.	Sir ou tol, ba. F.
Toit (d'une case).	Djiankke, ba.
Tombeau.	Bamel, ba.
Tonnerre.	Dennou, ba.

SUBSTANTIFS.

Tornade.	Khélo, oua.
Tortue.	Bonat, ma.
Tourterelle.	Mpetakh ou mariam, ma
Trace (vestige).	Djiéïtal, djia.
Traitant.	Diaékat, ba.
Traite.	Ndiaé, la.
Transport.	Ialé, ba.
Tribunal.	Tirbinal, ba. F
Troque.	Vetchié, ba.
Troupeau.	Guette, ga.
Truelle.	Tourel, ba. F
Ulcère.	Gôm, ba.
Usage.	Bakh, ba.
Vache.	Nag ou djiguen, oua.
Vagabond, e.	Ouerkat, ba.
Vaisseau.	Gal, ga.
Valeur.	Ndieg, ga.
Vautour.	Ntan, la.
Veau.	Seullou, sa.
Veine ou nerf.	Sidit, ba.
Vengeur, geresse.	Féïoukat, ba.
Vent.	Nguélaô, la.
Vent d'est.	Mboyo, ma.
Venin.	Dangar, djia.
Vente.	Ndiaé, ma.
Ventre.	Bîr, ba.
Ver.	Gaçakh, ga.

SUBSTANTIFS.

Vernis.	Verni, ba.
Vérole (petite).	Ndjiambal, ba.
Verre.	Ver, ba.
Verrotorie.	Djiarab, djia.
Viande.	Iap, oua.
Victoire.	Ndam, la.
Vieillard.	Magat, ma.
Vierge (jeune fille).	Dianqha, ba.
Veuve ou divorcée et en général femme non vierge.	Tiaga, ba.
Village.	Deukke, ba.
Ville.	Deukke, ba.
Vin.	Bigne, ba.
Visage.	Kanam, ga.
Voisin, ine.	Deukkalé, ba.
Volonté.	Téyef, ga.
Vrille.	Bredj, ba. F.
Vue.	Guis, ba.

ADJECTIFS.

Actif, ive.	Farlou.
Adroit, e.	Khérègne.
Affamé, e.	Nias. (Khif).
Ambitieux, euse.	Beugue iekkatikou.
Amer, ère.	Vekh.
Ancien, ne.	Iague.
Aveugle.	Silmakha, la.
Avare.	Ay.
Bâtard.	Tchi aram, la.
Bavard, e.	Sookat, la.
Beau, belle.	Rafet.
Bête.	Dof, la.
Blanc, che.	Vèkh.
Blessé, e.	Kou niou diam.
Bleu, e.	Boulo. F.
Boiteux, euse.	Sookhkat, la.

NOTA. — Les adjectifs ouolof sont d'une nature toute différente des adjectifs français : parmi eux les uns semblent de véritables verbes, les autres de vrais substantifs. — Les premiers se conjuguent avec *na*, *nga*, comme les verbes ordinaires : je suis brave, *niomé na ;* les autres se conjuguent comme les substantifs avec *la* qui est notre verbe être.

Je suis bavard *sookat la*, je suis sourd *teukh la*, absolument comme on dit : je suis roi, *bour la*.

Quelque fois le même adjectif rentre dans ces deux classes suivant qu'il exprime une manière d'être habituelle, ce qui l'assimile au substantif ou une qualité momentanée, auquel cas il rentre dans la classe des verbes, ainsi pour dire il est fou dans le sens de : il est frappé d'aliénation mentale, on dit : *dof la*. — Pour exprimer qu'un homme raisonnable d'ailleurs, fait une extravagance on dira *dof na*.

ADJECTIFS.

Bon, ne.	Bâkh.
Borgne.	Patte, la.
Bossu, e.	Kheung, la.
Brave.	Niomé.
Carré, e.	Carré. F.
Charitable.	Sarakhkat, la.
Cher, ère.	Diafé.
Colère.	Merkat, la.
Content, e.	Bég
Court, e	Gatte.
Cru, e.	Nioradi. Lou nioroul.
Cruel, le.	Sokhor, la
Cuit, e.	Nior.
Débauché, e.	Saysay.
Dernier, ère.	Moudje.
Différent, e.	Outé.
Difficile.	Diafé.
Distrait, e.	Fâlédi.
Double.	Niarel.

Tous les adjectifs en *kat* se conjuguent avec *la*, ainsi que ceux qui expriment une imperfection physique : aveugle, boiteux, etc; la plupart des autres se conjuguent avec *na*. On a indiqué dans le vocabulaire ceux qui se conjuguent avec *la*. Par suite de sa nature même l'adjectif ouolof ne se joint jamais immédiatement au substantif; ainsi, on ne peut pas dire :

J'ai vu un homme gros.
guisna nit douf.

Il faut dire : *nit gou douf* — un homme qui gros, sous entendu est.

C'est-à-dire qu'entre le substantif et son qualificatif il faut toujours mettre le pronom relatif *bou* qui suit les mêmes modifications dans sa consonne que l'article indiqué dans le vocabulaire auprès de chaque substantif.

ADJECTIFS.

Doux, ce (au goût).	Nekh. Temtémé.
Doux (de caractère).	Iomb.
Droit (non courbe).	Dioup.
Dur, e,	Degueur.
Egal, e.	Iem.
Epais, se.	Delle.
Eternel, le.	Lou doul sotti.
Etroit, e.	Khat.
Extraordinaire.	Kaoutef, la.
Facile.	Iomb.
Faible.	Néoudolé, la.
Fatiguant, e.	Taylokat, la.
Faux, fausse.	Nar, la.
Fin, e (mince).	Céou.
Ferme.	Degueur.
Fort, e.	Baré dolé.
Fou, folle.	Dof, la.
Froid.	Sedde, la.
Frugal.	Lékadikat, la.
Gai, e.	Nekh deret.
Gourmand, e.	Fouqhqhalékat, la.
Grand, e.	Goudde. Rey.
Gras, se.	Doûf.
Gris, e (cendre).	Domoutal, la.
Gros, se.	Didje.
Habituel, le.	Faral.
Hardi, e.	Niomé

ADJECTIFS.

Haut, e.	Kaoué.
Heureux, se.	Baré mour.
Honteux, se.	Torokh.
Hospitalier,ère.	Borom gan, la.
Humain, e.	Lâb bir.
Idiot, e.	Décé.
Impie.	Iéſeur, la.
Impoli.	Iarodikou.
Important, e.	Bouglé.
Industrieux, se.	Borom pékhé, la.
Ingrat, e.	Gueureumadi.
Injuste.	Djioubadi.
Instructif, ve.	Khamlo.
Intelligent, e.	Baré nkhel.
Ivrogne	Mandikat, la.
Jaloux, se.	Firkat, la.
Jeune.	Ndao, la.
Joli, e.	Rafet.
Joyeux, euse.	Nekh déret.
Juste (équitable).	Dioup.
Laborieux, euse.	Saouarkat, la.
Laid, e.	Niao.
Languissant, e.	Iogorloukat, la.
Large.	Ia.
Léger, ère.	Ouoyéſ.
Légitime (enfant).	Tchi ion, la.
Lent, e.	Iekh.

ADJECTIFS.

Libéral, e.	Iéouon.
Libre (homme).	Diambour, la.
Long, ue.	Goudde.
Louable.	Mat nao.
Lumineux, euse.	Ler.
Maigre.	Om.
Malade.	Op.
Malheureux, reuse.	Baré ndogal.
Malhonnête (fripon).	Loubou
Marcheur, euse.	Dokhkat, la.
Maudit, e.	Kou niou molou.
Mauvais, e	Bon.
Méchant, e.	Sokhor, la.
Meilleur, e.	Guen bakh.
Même.	Iem. Ben, la.
Mensuel, le.	Ver vou nek.
Menteur, euse.	Narkat, la.
Méprisable.	Iabou.
Mince.	Séou.
Modeste.	Iem.
Mou, molle.	Noy,
Muet, ette.	Lou, la.
Nécessaire.	Ouar am.
Négligent, e.	Saggan.
Neuf, ve.	Bès.
Noble.	Goré. Gor, la.
Noir, e.	Nioul.

ADJECTIFS.

Nouveau, velle.	Bès, la.
Nu, e.	Fout.
Nuisible.	Iakhal, la.
Nul, le.	Ken.
Obligatoire.	Ouar.
Obligeant, e.	Ouolloukat, la.
Obscur, e.	Lendem.
Odorant, e,	Khassao (mal). Khègne (bien).
Oisif, ve.	Niakke liguey.
Orageux, se.	Niaotal.
Orgueilleux, euse	Reyreylou.
Paresseux, euse.	Tayelkat, la.
Petit, e.	Tout.
Pieux, euse.	Top ialla.
Plein, e.	Fes.
Pointu, e.	Niao.
Poltron, ne.	Baqhqhar, la.
Poussif, ve.	Khikh.
Présent, e.	Téo.
Prêt, e.	Défarou. Paré. F.
Prodigue.	Saakhkat, la.
Profond, e.	Khout.
Prompt, e.	Gao.
Propre.	Set.
Prudent, e.	Teylou.
Puissant, e.	Borom katan, la.

ADJECTIFS.

Quadruple.	Niénentel.
Quelconque.	Kou mou man don.
Quelques.	I.
Querelleur, euse.	Khoulokat, la.
Raisonnable.	Dioup.
Rapide.	Gao.
Rare.	Diafé.
Reconnaissant, e.	Gueureumkat, la.
Régulier, ière.	Iem.
Respeetueux, euse.	Téralkat, la.
Riche.	Borom alel, la.
Ridicule.	Kou niò niaoual.
Rond, e.	Mergalou.
Rouge.	Khonkh.
Rouillé, e.	Khour.
Rusé, e.	Mous.
Sage.	Nopi.
Sale.	Tilim.
Savant, e.	Foùriè, la.
Sanglant, e.	Natche.
Sauvage.	Sovas, la. F.
Sec, sèche.	Ouoou.
Second, e.	Niarel.
Semblable.	Morom.
Sensible.	Lâb bir.
Sérieux, euse.	Foulla. Fayda.
Simple (non rusé)	Nen, la.

ADJECTIFS.

Soigneux, euse.	Forlou.
Solide.	Degueur.
Sourd, e.	Teukh, la.
Spirituel, le.	Borom khel, la.
Supérieur, e.	Nguit, la.
Tel, le.	Sangam.
Téméraire.	Diambar, la.
Terrible.	Tèpe.
Timide.	Niorou. Ragal nit.
Tortu, e.	Lounk. Deng.
Touffu, e.	Seuqhqha.
Tout, e.	Iep.
Traître, tresse.	Ouorkat, la.
Tranquille.	Téey.
Tributaire.	Sagan, la.
Triple.	Niattel.
Triste.	Diaqhqha.
Trompeur, euse.	Nakhékat, la.
Trouble.	Neukh.
Un, e.	Ben, la.
Unique.	Len, la.
Urgent.	Elle am. Ouar am.
Utile.	Elle.
Vaillant, e.	Niomé.
Véridique.	Nit ou deug, la.
Vert, e (perruche).	Tioy, la. Verte. F.
Vertueux, euse (pieux)	Dioullit, la.

ADJECTIFS.

Victorieux, euse.	Mankat, la.
Vide.	Khote, la.
Vieux, vieille.	Magat, la.
Vigoureux, euse.	Borom dolé, la.
Vilain, e.	Niâo.
Violent, e (emporté).	Merkat, la.
Vivant, e.	Ndound.
Voleur, euse.	Satchkat, la.
Volumineux, euse.	Ry.

VERBES.

Abaisser	Soufel, 3e f.
Abandonner.	Ouotch.
Abattre.	Danel, 3e f.
Aboyer.	Baou.
Abreuver (faire boire les animaux).	Oug. Nandel, 3e f.
Abriter.	Sel (contre la pluie). Khir (cont. le soleil et le vent). Laqhe (contre des ennemis).
Abuser.	Nakh
Accepter.	Nangou.
Accroupir (s').	Dionkan.

NOTA. — Le verbe ouolof est très-remarquable, il constitue à lui seul la plus grande partie de la langue par sa richesse. Sa conjugaison est trop compliquée pour que nous en parlions ici. Nous nous bornerons à donner quelques notions sur les différentes espèces de verbes. La première distinction à faire est entre les verbes d'état, comme par exemple : aimer, croire, être malade... et les verbes d'action exprimant un acte non continu, limité d'une manière précise dans sa durée, comme battre, aller, tuer... le même temps du verbe exprime le présent ou le passé suivant qu'il s'agit de l'une ou l'autre classe ; ainsi, *sop na, gueum na*, veulent dire : j'aime, je crois, tandis que *it na, dem na*, veulent dire : j'ai frappé, j'ai été.

Le verbe ouolof primitif ou racine a un grand nombre de *formes* ou verbes dérivés, comme cela a lieu dans les langues sémitiques, l'arabe, l'hébreu... c'est-à-dire qu'en modifiant le verbe primitif d'après certaines règles, on fait subir à sa signification des modifications déterminées, ce qui ne peut se faire dans nos langues indo-teutoniques que par des pronoms ou des adverbes juxtaposés au verbe, soit avant, soit après.

Ces formes, pour l'ouolof, en y comprenant les noms verbaux, iraient jusqu'à une trentaine. Nous ne parlerons que des plus communes, auxquelles nous donnerons des numéros d'ordre.

Racine, *bind-écrire*.

VERBES.

Accuser.	Diègne.
Affranchir un esclave.	Bay ialla.
Aider.	Dimali.
Aimer.	Sop.
Ajouter.	Diokke.
Aller.	Dem.
Aller à cheval.	Ouar fas.
Allumer.	Tal.
Amuser.	Fo.
Apaiser (s').	Dalal, 3e f.
Appeler.	Oue.
Apporter.	Indi.
Apprendre.	Diémantou.

FORMES POSITIVES.

1. *Bindou*, être écrit (passif), s'écrire (réfléchi).
2. *Bindlo*, faire écrire.
3. ——*al*. *Al* rend actif un verbe neutre. Ainsi, *soti*, être fini, *sotal*, finir (une chose); cette forme n'existe donc pas pour les verbes actifs, comme *bind*.
4. *Bindando*, écrire ensemble.
5. *Bindanté*, s'entrécrire,
6. *Bindbind*, écrire beaucoup ou souvent.
7. *Bindati*, écrire encore... etc., etc.

FORMES NÉGATIVES *(ayant une conjugaison à part)*.

8. *Bindoŭ*, ne pas écrire.
9. *Bindatou*, ne plus écrire.
10. *Bĭndagou*, ne pas encore écrire... etc., etc.

NOMS VERBAUX.

11. *Mbind*, écriture. L'*m* se met devant *b* et *p*, l'*n* devant *d*, *t*, *g*, avec les autres lettres, le nom verbal est le verbe lui-même accompagné de l'article.
12. *Bindekat*, écrivain.
13. *Bindoukay*, lieu où l'on écrit.... etc., etc.

Ainsi, chaque verbe primitif du vocabulaire permettra de former treize mots différents.

Quand le verbe inscrit dans le vocabulaire est une forme dérivée, le numéro d'ordre de cette forme est indiqué.

VERBES.

Apprêter ses effets pour un voyage.	Ouâdj.
Apprivoiser.	Minal, 3e f. *ou* Minlo, 2e f.
Approcher.	Diéguel, 3e f.
Approcher (s').	Diégué.
Approuver.	Sakhal, 3e f. Degguel, 3e f.
Appuyer.	Ouér.
Appuyer (s').	Ouérou.
Armer.	Ganay.
Arranger.	Défar.
Arrêter (s').	Takhao.
Arrêter quelqu'un.	Takhaoal, 3e f.
Arriver.	Niao.
Assembler (s').	Dadjielé.
Asseoir (s').	Tòg.
Associer (s') pour le commerce	Boke diour.
Attacher.	Iéo.
Attendre.	Nèg.
Avaler.	Ouanne.
Avancer.	Diem kanam.
Avertir.	Iégal, 3e f.
Avoir.	Am.
Avoir besoin.	Sokhla.
Avoir faim.	Khif.
Avoir peur.	Ragal.
Avoir soif.	Mar.
Baigner (se).	Sangou, 1re f.
Bâtir en maçonnerie ou en terre.	Tabakh.

VERBES.

Battre.	It. Dour.
Bavarder.	Soo.
Blanchir.	Vékhal, 3e f.
Blesser.	Diam.
Blottir (se).	Bankou, 1re f.
Boire.	Nan.
Bondir.	Tep.
Borner (limiter).	Sakke dig.
Boucher.	Sâgne. Feut.
Brider.	Lakhab.
Broder.	Ver. Nakhat.
Brûler	Lakke.
Butiner.	Lel. Ndiangal.
Cacher.	Neub.
Casser.	Totch.
Changer.	Vétchi
Chanter.	Ouoy.
Charger (un fusil).	Sokh.
Charger (bête ou voiture).	Seuf.
Chasser (renvoyer).	Daqh.
Chasser (aller à la chasse).	Reub.
Chauffer (se).	Diarou.
Chausser (se).	Sol dal.
Chercher.	Out.
Choisir.	Tanne.
Combattre	Khekh.
Combiner.	Fékhé.

VERBES.

Commencer.	Dor.
Compter.	Ouogne.
Condamner.	Ga.
Conduire.	Iobou.
Connaître.	Kham.
Consentir.	Nangou.
Coucher (se).	Teud.
Couper.	Dog.
Courber un objet.	Seguel, 3e f.
Courir.	Dao.
Couvrir un objet.	Mour.
Couvrir (se).	Sangou, 1re f.
Cracher.	Teufli. A.
Croire.	Gueum.
Crier.	Soou.
Cuire.	Tog.
Cultiver.	Bey.
Danser.	Fetch.
Décapiter.	Rendi.
Décharger une bête de somme.	Sippi.
Déflorer.	Ouakhé.
Déjeuner.	Ndiki.
Délaisser une personne.	Ouotch.
Délivrer.	Mouçal, 3e f.
Demander un cadeau.	Nian.
Demeurer.	Deuk.
Démolir.	Dadji.

VERBES.

Dénoncer.	Diouralé.
Descendre.	Ouatch.
Désirer.	Beug.
Développer une étoffe.	Lémi.
Dire.	Ouakh.
Disputer (se).	Khoulo.
Distinguer une chose.	Ranié.
Distribuer.	Sédelé
Divorcer.	Facé.
Donner en toute propriété.	May.
Donner, mettre dans la main.	Diokh.
Dormir.	Nélao.
Doubler une quantité.	Dambé.
Douter.	Gueumadi.
Ecouter.	Déglou.
Ecrire.	Bind.
Effrayer (s').	Tit.
Effrayer quelqu'un.	Tital, 3e f.
Egarer (s').	Rer.
Egarer un objet.	Réral, 3e f.
Embrasser.	Fon.
Empêcher.	Téré.
Empoisonner.	Khomp.
Emprunter.	Leb.
Enivrer.	Mandal, 3e f.
Enseigner.	Diamental, 3e f.
Ensemencer.	Dji.

VERBES.

Entendre.	Deg.
Enterrer.	Rob.
Entrer.	Kharaf.
Envoyer.	Ioné.
Espérer.	Iakar.
Etendre.	Talal, 3e f.
Etonner.	Diommi.
Etourdir.	Mirlo, 2e f.
Etourdi (être).	Mir.
Etrangler.	Ouake.
Etre.	Nek. Di.
Etudier.	Diamantou.
Eveiller.	Iéè.
Eviter.	Ouotou.
Examiner.	Setlou, 1re f.
Excuser (s').	Balou, 1re f.
Exiger.	Teg.
Expédier.	Iébal, 3e f.
Expirer.	Dè.
Expliquer.	Téki. Biral, 3e f.
Extraire.	Dindi.
Fâcher (se).	Mer.
Faire.	Def.
Falloir (il faut).	Ouar. Elle.
Fendre.	Khar.
Fermer.	Tetch. Oub.
Finir.	Sotal, 3e f.
Fondre.	Rouyal, 3e f.

VERBES.

Forcer (à faire).	Djégnetal, 3e f.
Forger.	Teug.
Former.	Défar.
Frapper.	Dòr. It.
Frémir.	Lokh.
Fuir.	Dao.
Fumer.	Toukh.
Fustiger (avec une corde).	Tiao.
Gagner (de l'argent au jeu).	Daqh.
Galopper.	Daoal, 3e f.
Garder (une chose).	Ouotou.
Garnir.	Garni. F.
Gâter.	Iaqh.
Gâté (être).	Iaqhou, 1re f.
Gérer.	Saytou.
Germer.	Sakh.
Glisser.	Rotakh.
Gouverner (un pays).	Iélif.
Graisser.	Diou.
Gronder.	Kokali. Khoulé.
Grossir.	Didjal, 3e f. Didjlo, 2e f.
Guérir (quelqu'un).	Véral, 3e f. Verlo, 2e f.
Guetter pour faire du mal.	Terou, 1re f.
Guetter pour observer.	Sénou, 1re f.
Guider (quelqu'un).	Guité.
Habiller (s').	Sol iré am.
Habiter.	Deukke.
Hacher.	Gor.

VERBES.

Haïr.	Bagne.
Hâter (se).	Gao. Gaouantou, 1re f.
Hériter.	Donne.
Hésiter.	Diakh.
Honorer.	Téral
Humilier.	Soufel, 3e f.
Ignorer.	Khamadi.
Imaginer.	Fent.
Imposer quelque chose ou quelqu'un.	Tégue bakh.
Imprimer.	Moulé. F.
Incendier	Lake.
Incommoder.	Guéten. Moucibal.
Indiquer.	Ouoné.
Informer.	Iéglé.
Informer (s').	Out kham.
Inonder.	Bay.
Interroger.	Ladj.
Irriter.	Merlo, 2e f.
Instituer.	Défar.
Isoler.	Uétlo, 2e f. Uétal, 3e f.
Jardiner.	Bey.
Jeter.	Sanni.
Jeûner.	Ouôr.
Joindre.	Teqhalé.
Jouer de l'argent.	Ouri.
Jouer.	Foo.
Jouir.	Banékhou, 1re f.

VERBES.

Juger.	Até.
Jurer (faire serment).	Ouat.
Labourer.	Bey. Roudj.
Lâcher.	Bay. Ouotch.
Laisser.	Bay.
Laver.	Fout.
Laver (se).	Rakhaçou, 1re f.
Lever (se).	Diog.
Lire.	Diang.
Louer.	Iol.
Manger.	Lek.
Manquer (ne pas réussir).	Moy.
Manquer (être absent).	Outé.
Marcher.	Dokh.
Marier (se).	Sey.
Mêler.	Bolé.
Menacer.	Tekou.
Mentir.	Nar.
Mesurer.	Nate.
Mettre.	Def.
Monter.	Fèg.
Moquer (se).	Niaoulé.
Mordre.	Mate.
Mourir.	Dé.
Nager.	Fey.
Naître.	Dioudou.
Nettoyer.	Fomp.
Nourrir.	Doundal, 3e f.

VERBES.

Obéir.	Top.
Ordonner.	Iéblé.
Orner.	Nakhat.
Oter.	Dindi.
Oublier.	Faté.
Ouvrir.	Oubi.
Paître.	Samme.
Pardonner.	Baal.
Parler.	Ouakh.
Payer.	Fey.
Penser.	Khalat.
Perdre (égarer).	Ouotch. Réral, 3e f.
Permettre.	Bay. May.
Piler.	Ouol.
Plaindre (se).	Taouot.
Plaire.	Nekh.
Pleurer.	Dioy.
Pleuvoir.	Tao.
Porter sur soi.	Gadou.
Poursuivre.	Top. Dab.
Pousser.	Diegne.
Pouvoir.	Man.
Prendre.	Diel. Diap. Fab.
Prêter.	Abal, 3e f.
Prier (supplier).	Sant.
Prier (dire des prières).	Diamou.
Promener (se).	Dokhan.
Prosterner (se) (à genoux).	Souk.

VERBES.

Protéger.	Dimali.
Prouver.	Ouoral, 3e f.
Punir.	Bougueul.
Quereller.	Khoulo, 2e f.
Quitter.	Bay.
Racheter (un esclave).	Diot.
Ramener.	Dèlo.
Rapporter.	Indialé.
Rassembler.	Bolé.
Ravager.	Saakh.
Recevoir.	Nangou.
Récompenser.	Iol.
Reconnaître.	Khammé.
Reculer.	Délou guenao.
Refuser.	Bagne. Gantou. Fet.
Regarder.	Set.
Regretter.	Rétiou.
Réjouir (se).	Banékhou. 1re f.
Remplir.	Féçal, 3e f.
Rencontrer.	Tacé. Dadié.
Rendre.	Délo.
Renvoyer.	Daqh.
Repentir (se).	Nakharlou, 1re f.
Répéter.	Ouakhat.
Répondre.	Tontou, 1re f.
Reposer (se).	Nopelou, 1re f.
Respecter.	Téral.
Respirer.	Noy.

VERBES.

Rester.	Diéki.
Retourner.	Ouaniékou, 1re f.
Revenir.	Délouci.
Révolter (se).	Or.
Rire.	Ré.
Saler.	Khoromal, 3e f.
Saluer.	Noyou.
Sauter.	Teub.
Sécher (v. actif).	Ouoal, 3e f. Ver.
Secouer.	Feug.
Sentir (flairer).	Fontou, 1re f.
Sortir.	Guéne.
Souffler.	Ouol.
Souffrir.	Sone.
Souvenir (se).	Fatelikou.
Succéder.	Toflou.
Sucer.	Manqh.
Suer.	Niaqh.
Suffire.	Doy.
Suivre.	Top.
Supplier.	Tinou, 1re f.
Teindre.	Soub.
Terminer.	Sotal, 3e f.
Tirer.	Kheutch. Niodi.
Tomber.	Danou
Tondre.	Ouat.
Traduire.	Firi.

VERBES.

Trahir.	Ouor.
Traverser.	Dialle.
Trembler.	Lokh.
Tromper.	Nakh.
Tuer.	Rey.
Unir.	Bolé.
User (une chose complétement)	Diékhal, 3e f.
Vaincre.	Daqh.
Veiller (sur).	Ouotou.
Veiller (passer la nuit à s'amuser)	Biralé.
Vendre.	Diay.
Venger (se).	Féyou, 1re f.
Venir.	Niou.
Viser.	Dir.
Visiter.	Némékou.
Vivre.	Dound.
Voir.	Guis.
Voler (dérober).	Satch.
Voler (avec des aîles).	Naou.
Vouloir.	Beug.
Voyager.	Touki.

PARTICULES.

A.	Tia (loin). Tchi (près).
Adieu.	Diam ak diam.
Ailleurs.	Fénen.

PARTICULES.

Ainsi (comme cela).	Nilé. Nonou.
Alentour.	Tchi ourem.
Alors.	Boba.
Après.	Guenao, ga.
Après-demain.	Guenao elleuk.
Après-midi de 12 h. à 2 h.	Tisbar.
Après-midi de 2 h. à la nuit.	Ngon.
Assez (il suffit).	Doyna.
Aucun.	Ken.
Aujourd'hui.	Tey.
Auparavant.	Bou diek.
Auprès.	Tchi vet.
Aussi (de même).	It. Item.
Aussitôt.	Nona nona.
Autant (la même quantité).	Lou day nonalé.
Autour.	Tchi ourem.
Autre individu.	Kénen.
Autre chose ou bête.	Bénen.
Autrefois.	Bou. Diekke ba ouon.
Autrement.	Lénen.
Autrui (semblable).	Morom.
Avant.	Bala.
Avant-hier.	Beurkedemb.
Avec.	Ak.
Beaucoup.	Bou baré.
Bien.	Bou bakh.
Bientôt.	Légui.
Bonjour.	Kéou.

PARTICULES.

Bonsoir.	Gonal.
Car.	Ndakh.
Ce.	Lé (l'article suivi de).
Ceci.	Lilé.
Cela.	Lalé.
Celle.	Ka.
Celui-ci.	Kilé.
Celui-là.	Kalé.
Cependant.	Tin. Tindey.
Certain (assuré).	Deug. Oueur.
Certainement (c'est vrai).	Deugue, la.
Chacun.	Kounek.
Chez.	Fa. Tia. Tia keur.
Combien.	Niata
Comme.	Naka. Na.
Comment?	Naka? Nan?
Conjointement.	Bokando.
Conséquent (par).	Lolotakh.
Contre (en opposition).	Outé.
D'abord.	Dieuk.
Dans.	Tia. Tchi. Fi. Tchi bir.
Davantage.	Lou eup.
De.	Tia. Tchi.
Dedans.	Tchi bir.
Dehors.	Tchi biti.
Déjà.	Dièk.
Demain.	Elleuk. Sou ellegué.
Depuis.	Bob'ak tey.

PARTICULES.

Derrière.	Guenao.
Désormais (une autre fois).	Bénen ion.
Dessous.	Tchi souf.
Dessus.	Tchi kao.
Devant.	Tchi kanam.
Donc.	Bôk.
Dorénavant.	Djélé fi tey. Guenao tey.
Elle.	Mom.
En.	Fla. Tia.
Encore.	Ati.
Enfin.	Tchi moudj.
Ensemble.	Ndo (après le verbe).
Ensuite.	Guenao, ga.
Entre.	Diguenté.
Eux.	Niom.
Eux-mêmes.	Niom sakh.
Excepté.	Guenao. Kou moy (personne). Lou moy (chose)
Fort.	Lol.
Guère.	Lou néo.
Hier.	Demb.
Hors.	Tchi biti.
Ici.	Filé.
Jadis.	Bobalé.
Jamais	Mouk
Là.	Falé.
Laquelle ? chose ou bête.	Ban tia.
Laquelle ? personne.	Kan tia.

PARTICULES.

Lentement.	Ndank ndank.
Lequel. objet ou animal.	Ban tia.
homme.	Kan tia.
Leur.	Sen.
Loin.	Soré.
Longtemps.	Iaggue.
Lorsque.	Ba. Sou (So à la 2e personne).
	Bou (Bo à la 2e personne).
Lui.	Mom.
L'un.	Kénaka.
L'autre.	Kou tia des.
Maintenant.	Légui.
Mais.	Ouandé.
Même.	Sakh.
Mien (le).	Souma bos.
Mieux.	Tané. Guené.
Moi.	Man.
Moins.	Ies.
Ne pas.	Dou. Bou. Boul. Boulou.
Néanmoins.	Tin dey.
Ni.	Dou.
Non.	Det. Dé ou allay.
Nòtre.	Sounou.
Nous.	Noun.
Nul.	Ken.
Où.	Fan. Fou.
Ou.	Oualla. Mbit. Mbar. Ba.
Oui.	Ouaou.

PARTICULES.

Outre.	Guenao, ga.
Parce que.	Ndakh. Nguir.
Parmi.	Tchi. Tia
Partout.	Founek.
Pendant.	Ba.
Personne.	Ken.
Personne (une).	Nit.
Peu.	Touti. Néou.
Peut-être.	Kheyna.
Plus.	Eup.
Plusieurs.	Diope.
Plus tôt.	Bou guen tel.
Plutôt (de préférence).	Diek.
Pour.	Ndakh. Pour. F.
Pourquoi.	Loutakh.
Pourtant.	Tin dey.
Près.	Diegué.
Presque.	Potokh.
Quand.	Kagne. F.
Quelques.	Béneben. I.
Quelquefois.	Sa ak sa.
Quelqu'un.	Ken.
Qui?	Kan.
Quiconque.	Koumou men don.
Quoi.	Lan.
Quoique.	Lou. Lo.
Sans.	Andoul. Sang. F.
Selon.	Tchi. Tia.

PARTICULES.

Seulement.	Rek.
Si (conditionnel).	Sou. So.
Sien (le).	Bosam.
Sinon.	Oualla.
Soit.	Mokham.
Sous.	Tchi souf.
Souvent.	Legleg (faral verbe)
Suivant.	Tchi. Tia.
Sur.	Tchi kao.
Tandis.	Té.
Tant (que ça durera).	Digue fek.
Tantôt (passé).	Sanqh.
Tantôt (futur).	Légui.
Tard.	Iekh.
Tel (un tel).	Diou. Sangam.
Tien (le).	Sa bos.
Toi.	Ioou.
Toujours.	Môs.
Tout.	Iep.
Très.	Lol.
Trop.	Eup. Tep. Trop. F
Vers.	Tchi. Tia.
Vis-à-vis.	Tia kanam.
Vite.	Gao.
Volontiers.	Ak banekh.
Vôtre (le).	Sa bos.
Y.	Fa.

NOMS DES JOURS.

Dimanche.	Diber. Dimans. F.
Lundi.	Altiné.
Mardi.	Talata.
Mercredi	Alarba.
Jeudi.	Alkhamès.
Vendredi.	Aldjouma.
Samedi.	Acer.

NOMS DE NOMBRES.

Un.	Ben.
Deux.	Niar.
Trois.	Niat.
Quatre.	Niénent.
Cinq.	Djourom.
Six.	Djouromben.
Sept.	Djouromniar.
Huit.	Djouromniat.
Neuf.	Djouromniénent.
Dix.	Fouk.
Onze.	Fouk ak ben.
Douze.	Fouk ak niar.
Treize.	Fouk ak niat.
Quatorze.	Fouk ak niénent.
Quinze.	Fouk ak djourom.
Seize.	Fouk ak djouromben.
Dix-sept.	Fouk ak djouromniar.
Dix-huit.	Fouk ak djouromniat.
Dix-neuf.	Fouk ak djouromniénent.
Vingt.	Nit.

NOMS DE NOMBRES.

Vingt et un.	Nit ak ben.
Trente.	Fanever.
Quarante.	Niénent fouk.
Cinquante.	Djourom fouk.
Soixante.	Djourombcn fouk.
Soixante-dix.	Djouromniar fouk.
Quatre-vingts.	Djouromniat fouk.
Quatre-vingt-dix.	Djouromniénent fouk.
Cent.	Témer.
Cent un.	Témer ak ben.
Cent trente-deux.	Témer ak fancver ak niar.
Deux cents.	Niari témer.
Mille.	Djouné.
Premier.	Bénel.
Deuxième.	Niarel.
Troisième.	Niatel.
Quatrième.	Niénentel.
Cinquième.	Djouromel.
Sixième.	Djourombénel.
Septième.	Djouromniarel.
Huitième.	Djouromniatel.
Neuvième.	Djouromniénentel.
Dixième.	Foukel.
Onzième.	Fouk ak bénel.
Cinquantième.	Djouromfoukel.
Une fois.	Ben ou ion.
Deux fois.	Niar ou ion.
Trois fois.	Niat ou ion.

www.ingramcontent.com/pod-product-compliance
Ingram Content Group UK Ltd.
Pitfield, Milton Keynes, MK11 3LW, UK
UKHW021647260726
13994UKWH00003B/1315

9 782329 420547